Inhalt

Chefsache - Firmen müssen Verbesserung der Führungskultur zum Strategiethema erheben

Kernthesen

Beitrag

Fallbeispiele

Weiterführende Literatur

Impressum

Chefsache - Firmen müssen Verbesserung der Führungskultur zum Strategiethema erheben

Harald Reil

Kernthesen

- Demotivierte Mitarbeiter gefährden den Erfolg im globalisierten Wettbewerb.
- Nur sehr wenige deutsche Arbeitnehmer gehen gerne in die Arbeit. Der Grund dafür ist oft der direkte Vorgesetzte, der zwar sehr viel fordert, aber wenig lobt.
- Führungskräfte schieben den schwarzen Peter ihren Kollegen oder ihren eigenen Vorgesetzen zu, so dass sich die Kette der

Demotivation von oben bis nach unten zum einfachen Mitarbeiter zieht.
- Angesichts des dramatischer werdenden Fachkräftemangels ist für Unternehmen die strategische Entwicklung einer besseren Führungskultur ein Muss.
- Führungskräfte können von Jürgen Klopp, Borussia Dortmunds Erfolgstrainer, lernen: Er begeistert, weckt die Kreativität seiner Spieler und gesteht ihnen auch Fehler zu.

Beitrag

Kein Lob und enge Korsetts

Die Zahlen sind alarmierend: Lediglich 14 Prozent der arbeitenden Bevölkerung in Deutschland erledigen ihren Job hoch motiviert. 63 Prozent schieben mehr oder weniger eine ruhige Kugel; das heißt: Sie erfüllen ihren Dienst zwar buchstabengetreu nach Vorschrift, engagieren sich sonst aber nicht weiter. 23 Prozent der Befragten, die für die aktuelle Gallup-Studie Rede und Antwort standen, gaben an, dass sie innerlich bereits mit ihrer Firma abgeschlossen hätten. Diese Zahl ist umso bedenklicher, als es im Jahre 2001 "nur" 15 Prozent gewesen waren. Die Ursachen für diese wenig ermutigende Faktenlage sind bekannt: In sehr vielen Fällen sind die direkten Vorgesetzten Schuld an der Misere. Diese Führungskräfte haben nicht gelernt, was gute Führung eigentlich bedeutet. Sie verlangen zwar viel von ihren Mitarbeitern, zwängen sie aber in enge Korsetts, die ihnen kaum Freiheiten für eigene Entscheidungen lassen und motivieren selten - oder nie. So gaben in der bereits zitierten Studie nur vier Prozent der Interviewten an, dass sie während der letzten sieben Tage vor der Befragung für gute Leistungen Lob erhalten hätten. Und nur ein einziges Prozent war der Meinung, dass es in ihrem Unternehmen Personen gebe, die Interesse an ihrer persönlichen Entwicklung hätten. (1), (4)

Führungskräfte schieben schwarzen Peter ihren eigenen Vorgesetzten zu

Eine andere Studie, die die Personalberatung LAB & Company unter rund 320 Führungskräften veranstaltet hat, bestätigt die miserable Führungskultur in deutschen Unternehmen, legt aber das Augenmerk auf einen anderen Aspekt. Laut dieser Untersuchung schieben die Führungskräfte den schwarzen Peter ihren Kollegen oder ihren eigenen Vorgesetzen zu, so dass sich die Kette der Demotivation von oben bis nach unten zum einfachen Mitarbeiter zieht. Einer der Hauptgründe für die Unzufriedenheit ist die schlechte Kommunikation, was Zuständigkeiten, Ziele und Erwartungen betrifft. Einige der Folgeschäden: 87 Prozent der befragen Führungskräfte waren demotiviert, 59 Prozent gaben an, die Zielerreichung in ihren Unternehmen lasse zu wünschen übrig, 42 beklagten eine hohe Mitarbeiterabwanderung. (7)

Gebildete Mitarbeiter fordern Respekt und Anerkennung

Wenn Firmen angesichts dieser desaströsen Zahlen gute Führung nicht zum Strategiethema erheben, wird das für die deutsche Wirtschaft katastrophale Folgen haben. Konkreter formuliert: Demotivierte Mitarbeiter gefährden den Erfolg im globalisierten Wettbewerb. Wie prekär die Lage wirklich ist, zeigt auch folgende Zahl: Nach Schätzung von Experten haben rund ein Drittel der hiesigen Unternehmen eine miserable oder überhaupt keine Führungskultur. Die Frage ist allerdings, warum schlechte Führung gerade jetzt zum Thema wird. Gibt es sie nicht schon seit jeher? Und waren etwa deutsche Unternehmen trotz ihrer miserablen Vorgesetzten nicht immer erfolgreich? Diese Einwände sind nur auf den ersten Blick berechtigt. Denn Fakt ist, dass deutsche Arbeitnehmer immer gebildeter werden. Dass mit dem Grad der intellektuellen Reife auch die Ansprüche an gute Behandlung, Respekt und Anerkennung steigen, lässt sich in jedem Psychologiehandbuch für Anfänger nachlesen. (4)

Einfache Strategie: Mitarbeiter auf Augenhöhe behandeln

Angesichts dieser Bestandsaufnahme wird es höchste Zeit, dass Unternehmen die Verbesserung der Führungskultur zur strategischen Chefsache machen. Der Dreh- und Angelpunkt von guter Führung ist Motivation. Diese stellt sich aber nur dann ein, wenn Führungskräfte bestimmten Leitlinien folgen. Dazu gehören Gestaltungsfreiräume, ein Minimum an Bürokratie, Weiterbildungsangebote sowie ein kontinuierlicher Gedankenaustausch zum Beispiel bei Kamingesprächen oder informellen Treffen. Der Schuss kann allerdings leicht nach hinten losgehen, wenn Vereinbarungen, die in solchen Diskussionsrunden getroffen wurden, nicht umgesetzt werden. Wer aber seine Mitarbeiter auf Augenhöhe behandelt, ehrlich und offen mit ihnen kommuniziert und sie nicht zu stumpfen Befehlsempfängern degradiert, hat schon den ersten Schritt getan, um ihre Einsatzbereitschaft zu erhöhen und sie fester an sich zu binden. Warum diese eigentlich selbstverständlichen menschlichen

Eigenschaften von vielen Vorgesetzten so sträflich vernachlässigt werden, lässt sich kaum erklären - es sei denn, es steckt die Angst dahinter, ein starker Mitarbeiter könnte am Stuhlbein sägen. Vielleicht aber fehlt ganz einfach auch die menschliche Reife. (2)

Trends

Entwicklung einer besseren Führungskultur ist nur eine Frage der Zeit

Deutsche Unternehmen werden in Zukunft nicht mehr darum herumkommen, ihre Führungskultur zu verbessern. Die Gründe liegen auf der Hand: Da der demografische Wandel die hiesige Bevölkerung drastisch schrumpfen lässt, wird es auch dramatische Einschnitte in der Zahl der zur Verfügung stehenden Mitarbeiter geben. Der Kampf um die besten Köpfe hat schon jetzt begonnen. Vor allem Großunternehmen, die es sich leisten können, locken die rare Ressource Mensch mit attraktiven Sozialpaketen. Auch wenn die demografische Notlage noch keine erkennbaren Auswirkungen auf den Führungsstil in deutschen Firmen zeigt, wird der

Druck der Basis Bürodiktatoren aber schon bald das Wasser abgraben. Denn je gebildeter die Beschäftigten werden, desto weniger lassen sie sich gefallen und desto höher sind ihre Ansprüche an Respekt, Anerkennung und faire Behandlung. Schon bald werden die Mitarbeiter auch am längeren Hebel sitzen. Denn je dramatischer der Fachkräftemangel wird, je mehr Unternehmen ihnen eine ähnliche Bezahlung und gleich gute Sozialleistungen bieten, desto eher sind Mitarbeiter, die unter Vorgesetztenmobbing leiden, auch bereit zu wechseln. Angesichts dieser Zukunftsprognosen ist für Unternehmen die strategische Entwicklung einer besseren Führungskultur ein Muss - und daher nur noch eine Frage der Zeit. (4), (5)

Fallbeispiele

Erfolgstrainer Jürgen Klopp - Vorbild für die Wirtschaft

Wie ein Chef seine Mannschaft auch unter Hochdruck erfolgreich lenkt, können Führungskräfte in Wirtschaftsunternehmen von Jürgen Klopp lernen. Wissenschaftler der Forschungsstelle für Angewandte Sportwissenschaften an der Bamberger Universität haben den Trainer des Fußballbundesligisten Borussia Dortmund unter die Lupe genommen. Klopp, der seine Mannen während der beiden vergangenen Spielzeiten jeweils zum Deutschen-Meister-Titel geführt hat und 2012 auch noch den DFB-Pokal gewann, scheint vor allem folgende neun Fähigkeiten in besonderem Maße zu besitzen: Er formuliert seine Ziele klar, er ist ein außergewöhnlicher Motivationskünstler, er lässt seinen Spielern zwar viele Freiräume für ihre spezifischen Stärken, schafft es aber dennoch, ein Team aus dieser Ansammlung von Individualisten zu formen; er stärkt das Selbstvertrauen seiner Spieler, er gesteht ihnen Fehler zu, er kreiert ein Wir-Gefühl, er kann gut mit Veränderungen umgehen, und - last but not least - behandelt er seine Spieler mit Respekt. (3)

Vorbildlich: Nürnberger TeamBank fördert intensiven Austausch zwischen Chefs und Mitarbeitern

Die in Nürnberg ansässige TeamBank AG hat sich im vergangenen Jahr eingehend mit dem Thema Führung auseinandergesetzt. Wollte sie zuerst nach dem Vorbild anderer Finanzinstitute neue Leitlinien in einem Hochglanzmagazin veröffentlichen, brachten sie ihre Mitarbeiter schnell auf den Boden der Tatsachen zurück. Diese nämlich nahmen das Thema ernst und forderten keine erbaulichen Ergüsse, sondern konkrete Maßnahmen. Dazu gehörte vor allem ein intensiverer Austausch mit den Führungskräften. Die Bank griff diesen Vorschlag auf und setzte ihn unbürokratisch um. Dreimal pro Jahr bieten die Vorgesetzten ihren Mitarbeitern jetzt informelle Feedback-Gespräche mit Ergebniskontrolle an. Weiterbildungsangebote und ein ansprechendes Sozialpaket zeigen den Mitarbeiten außerdem, dass sie wertgeschätzt werden. Die auf einer offenen Kommunikation aufgebaute Firmenkultur, die zudem noch mit flachen Hierarchien glänzt, scheint tatsächlich zufriedene Mitarbeiter hervorzubringen. Zumindest hat die Team Bank in diesem Jahr bereits mehrere Preise eingeheimst. Das CRF Institute hat das Finanzhaus zum "Top Arbeitgeber" gekürt. Die Bank darf sich außerdem mit dem Top-Job-Gütesiegel "Arbeitgeber des Jahres" schmücken und mit dem Zertifikat "berufundfamilie" werben. (2)

Analysetool zur Verbesserung des Führungsverhaltens

Der Bundesverband der deutschen Volksbanken und Raiffeisenbanken (BVR) hat ein Analysetool entwickelt, mit dessen Hilfe sich die Effizienz von

Führungsverhalten auf den Prüfstand stellen und gegebenenfalls auch verbessern lässt. Der Grundgedanke: Da Führungskräfte immer innerhalb bestimmter Parameter agieren, untersucht das Tool die Wechselwirkung von Rahmenbedingungen und Führungsstil. Sind diese transparent, so die Hoffnung der Initiatoren, lässt sich auch die Führung verbessern. Interessant an diesem Ansatz ist, dass er neben menschlichen Unzulänglichkeiten auch organisatorische Fehler für eine schlechte Führungskultur verantwortlich macht. (6)

Axel-Springer-Verlag macht Führungsseminare zur Pflicht

Der Axel-Springer-Verlag hat für seine Führungskräfte Grundsätze für gute Führung aufgestellt und dazu noch verbindliche Managementseminare eingeführt. Auch die oberste Führungsebene wird daran gemessen. Während eines viertägigen Seminars absolvierten die Mitglieder nicht nur Outdoor-Übungen, sondern betrieben auch eine intensive Seelenschau. Um größtmögliche Effizienz in der Selbstanalyse zu erreichen, hat der Axel-Springer-Verlag die Dienste eines externen Coaches beansprucht. Mithilfe von "Integral Coaching", eines eklektischen Beratungsansatzes, der unter anderem auf Erkenntnisse von C. G. Jung und

Ken Wilber zurückgreift, sollten die Coaches eingefahrene Verhaltensweisen auf den Prüfstand stellen und neue entwickeln. (8)

Weiterführende Literatur

(1) Heute schon gelobt?
aus Allgemeine Hotel- und Gastronomie-Zeitung 16 vom 14.04.2012 Seite 0A1

(2) Menschen motivieren
aus Creditreform Nr. 11 vom 02.11.2012 Seite 008

(3) Vom Sport lernen, heißt führen lernen
aus wirtschaft&weiterbildung, Vol. 20, Heft 01/2012, S. 40-41

(4) Chefs vermiesen die Lust auf die Arbeit
aus VDI NR. 43 VOM 26.10.2012 SEITE 17

(5) Verhätscheltaktik - Unternehmen umgarnen Mitarbeiter mit "Social Benefits"
aus GENIOS WirtschaftsWissen Nr. 09 vom 21.09.2012

(6) Strategisch führen
aus BankInformation, Heft 11/2012, S. 14 - 19

(7) Führungskräfte kritisieren Kommunikationsdefizite im Management
aus dapd nachrichtenagentur vom 18.10.2012, 07.02 Uhr

(8) Showtime für Personaler
aus wirtschaft&weiterbildung, Vol. 20, Heft 09/2012, S. 54

Impressum

Chefsache - Firmen müssen Verbesserung der Führungskultur zum Strategiethema erheben

Bibliografische Information der deutschen Nationalbibliothek

Die Deutsche Nationalbibliothek verzeichnet diese Publikation in der deutschen Nationalbibliografie; detaillierte bibliografische Daten sind im Internet über http://dnb.d-nb.de abrufbar.

ISBN: 978-3-7379-1293-8

© 2015 GBI-Genios Deutsche Wirtschaftsdatenbank GmbH, Freischützstraße 96, 81927 München, www.genios.de

Alle Rechte vorbehalten. Dieses Werk ist einschließlich aller seiner Teile – z.B. Texte, Tabellen und Grafiken - urheberrechtlich geschützt. Jede Verwertung außerhalb der Grenzen des Urheberrechtsgesetzes bedarf der vorherigen Zustimmung des Verlags. Dies gilt insbesondere auch für auszugsweise Nachdrucke, fotomechanische

Vervielfältigungen (Fotokopie/Mikroskopie), Übersetzungen, Auswertungen durch Datenbanken oder ähnliche Einrichtungen und die Einspeicherung und Verarbeitung in elektronischen Systemen.